Matthias Lehrke

IFS Food 6
kompakt und verständlich

Ein Leitfaden für Anwender des IFS Food Version 6

3. Auflage 2014

Der Autor

Matthias Lehrke verfügt über 23 Jahre Erfahrung in der Lebensmittelbranche. Als Berater und Trainer zählt er über 30 führende Unternehmen der Lebensmittelindustrie sowie des Handels zu seinen Kunden. Matthias Lehrke ist anerkannter Experte für IFS, HACCP, Kennzahlen sowie Prozessmanagement.

Die Erläuterungen sowie Interpretationen der einzelnen IFS Food-Forderungen geben die persönliche Einschätzung und Erfahrung des Autors wieder. Trotz sorgfältiger Recherche und Prüfung der Inhalte kann eine Garantie oder Haftung für die Richtigkeit oder Vollständigkeit nicht übernommen werden.

Die Deutsche Bibliothek - CIP Einheitsaufnahme

Lehrke, Matthias: IFS Food 6 - kompakt und verständlich;
Hamburg: Lehrke 2014

ISBN 978-3-940-513-090

3. Auflage 2014

© 2014, Lehrke Verlag GmbH, Hamburg

Alle Rechte vorbehalten.

Internet: http://www.lehrke-verlag.de

Dieses Werk ist einschließlich aller seiner Teile urheberrechtlich geschützt. Jede Verwertung außerhalb der Grenzen des Urheberrechtegesetzes ist ohne schriftliche Zustimmung des Lehrke Verlages unzulässig und strafbar. Weder das Werk noch seine Teile dürfen ohne vorherige schriftliche Einwilligung des Lehrke Verlages vervielfältigt oder öffentlich gemacht werden. Dieses gilt auch bei einer entsprechenden Nutzung für Schulungszwecke.

Illustrationen: Timo Müller, www.illustrie.com

Druck: Druckerei Renk, Kaltenkirchen

Vorwort des Autors

Die Mitarbeiter sind der Schlüssel für die Sicherheit und Qualität der Produkte. Häufig wissen die Mitarbeiter zu wenig über die wesentlichen Anforderungen an eine sichere und beherrschte Produktion von Lebensmitteln gemäß des IFS Food. Manchmal fehlt auch die Einsicht: "Warum müssen wir dieses tun?". Dies liegt zum Teil an der fehlenden Schulung und Einbindung der Mitarbeiter.

Die Mitarbeiter sind der entscheidende Faktor für die wirksame Umsetzung aller Maßnahmen für die Sicherheit und Qualität der Lebensmittel. Nur mit einer kompakten und verständlichen Vermittlung von Wissen gelingt es, das Verhalten und die Einstellung der Mitarbeiter für IFS Food zu gewinnen.

Die vorliegende Ausgabe richtet sich in erster Linie an die Mitarbeiter und Abteilungsleiter, die für die Umsetzung der IFS Food-Forderungen verantwortlich sind. Ihnen werden die wesentlichen Anforderungen anhand von verständlichen Beschreibungen und Illustrationen vermittelt.

Dabei geht es nicht um die wörtliche Wiedergabe des IFS Food-Standards – dieser ist beim Hauptverband des Deutschen Einzelhandels (HDE) kostenlos zu beziehen – sondern um eine kompakte und mitarbeiterorientierte Wiedergabe der wesentlichen IFS Food-Forderungen.

In der dritten Auflage wurden Neuerungen des IFS Food 6 aus 2014 eingearbeitet.

Für Fragen, Anregungen und Kommentare schreiben Sie mir bitte an: mail@lehrke-verlag.de.

Ich wünsche Ihnen eine verständliche Lektüre.

Matthias Lehrke

Hamburg, im Dezember 2014

Inhaltsverzeichnis

Inhaltsverzeichnis 4
Daten und Fakten zum IFS Food 6 6
10 KO-Anforderungen 7
Unternehmenspolitik & -leitlinien 8
Unternehmensstruktur & -prozesse 9
Kundenorientierung 10
Überprüfung durch die Leitung 11
Dokumentation & Aufzeichnungen 12
HACCP-Konzept 13
HACCP-Team 14
HACCP-Analyse 15
Ressourcenverwaltung 17
Personal 18
Schulung 20
Hygiene- & Sozialeinrichtungen 21
Vertragsprüfung 22
Spezifikationen & Rezepturen 23
Produktentwicklung 24
Einkauf 25
Produktverpackung 26
Standortwahl & Außengelände 27
Anlagengestaltung 28
Produktions- & Lagerbereiche 29
Reinigung & Desinfektion 30
Abfallentsorgung 31
Fremdmaterialien (Metall, Glas, Holz) 32
Schädlingsbekämpfung 33

Wareneingang & Lagerhaltung	34
Transport	35
Wartung & Reparatur	36
Anlagen & Ausrüstungen	37
Rückverfolgbarkeit	38
Allergene & GVO	39
Interne Audits	40
Betriebsbegehungen	41
Prozessvalidierung & -lenkung	42
Mess- & Überwachungsgeräte	43
Mengenkontrolle	44
Produktanalysen	45
Produktsperrung & -freigabe	46
Reklamation & Beanstandung	47
Produktrücknahme & -rückruf	48
Nichtkonforme Produkte	49
Korrekturmaßnahmen	50
Absicherung (Food Defense)	51
Standortsicherheit (Food Defense)	52
Personal & Besucher	53
Externe Kontrollen	54
Gefahrenanalyse/Risikobewertung	55
Notwendige schriftliche Regelungen	56
Visualisierung und Arbeitshilfen	57
weitere Bücher	58

Daten und Fakten zum IFS Food 6

- Der IFS Food 6 enthält 10 KO-Anforderungen
- Bestanden auf höherem Niveau ab 95 % Erfüllungsgrad
- Bestanden auf Basisniveau mit einem Erfüllungsgrad der Anforderungen von ≥ 75 % und < 95 %
- Nicht bestanden (kein Zertifikat)
  - ab einem KO oder einem Major (erhebliches Versäumnis hinsichtlich der Lebensmittelsicherheit oder rechtlicher Bestimmungen)
  - bei weniger als 75 % Erfüllungsgrad
- Bei einem Major und mehr als 75 % Erfüllungsgrad erfolgt ein Ergänzungsaudit, in dem die Abweichungsbeseitigung überprüft wird
- Bei einem KO erfolgt ein neues Audit
- Bewertung der Anforderungen
  - A (20 Punkte): Volle Übereinstimmung
  - B (15 Punkte): Nahezu volle Übereinstimmung
  - C (5 Punkte): Geringe Übereinstimmung
  - D (-20 Punkte): Keine Übereinstimmung
    Beim Bewertungsmaßstab "D" werden jetzt 20 Punkte abgezogen (-20 statt 0 Punkte)
- Auditfrequenz: zwölf Monate
- Gefordert werden 29 Gefahrenanalysen und eine Bewertung der damit zusammenhängenden Risiken
- Gefordert werden 31 schriftliche Verfahren

10 KO-Anforderungen

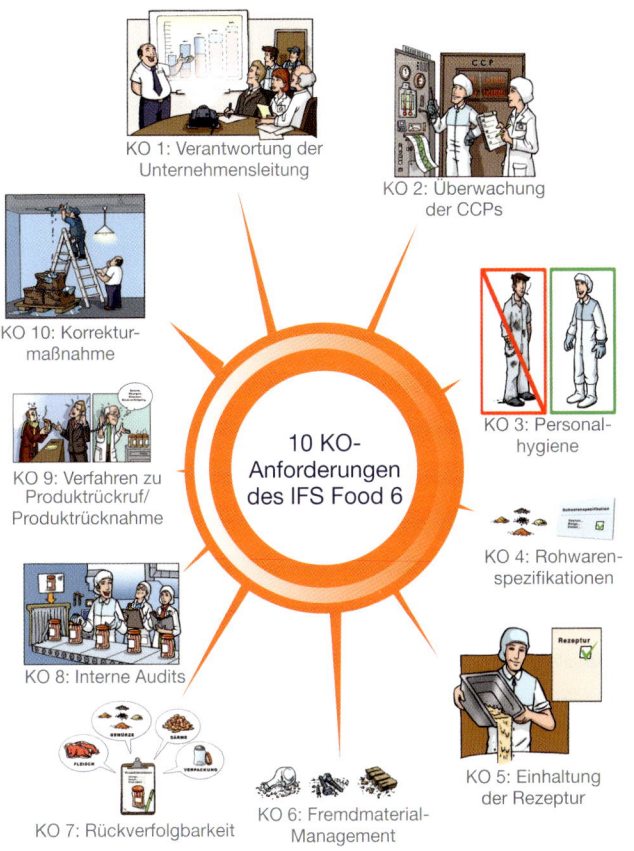

Dieses Bild ist als Poster beim Lehrke Verlag erhältlich.

IFS Food 1.1
Unternehmenspolitik & -leitlinien

Darauf kommt es an!
- Gelebte und bekannte Unternehmenspolitik
- Kundenorientierung, Ethik, Nachhaltigkeit und Umwelt sind auch in der Unternehmenspolitik beschrieben
- Ziele (Qualität, Lebensmittelsicherheit) für Abteilungen sind im Einklang mit der Unternehmenspolitik festgelegt
- Ziele und Maßnahme zur Erreichung dieser Ziele sind erarbeitet (mit Verantwortung und Termin)
- Mitarbeiter kennen ihre Ziele
- Vereinbarte Ziele werden mindestens jährlich durch die Unternehmensführung kontrolliert
- Mitarbeiter erhalten zeitnah wichtige Informationen für die Lebensmittelsicherheit und -qualität

Unternehmensstruktur & -prozesse

Darauf kommt es an!

- Organigramm ist aktuell und freigegeben
- Verantwortungen und Stellvertretungen sind geregelt, bekannt und nachweisbar (z. B. in Funktionsbeschreibungen)
- Arbeitsbeschreibungen sind vorhanden und wirksam
- Unternehmensführung sorgt dafür, dass die Mitarbeiter ihre Aufgaben und Pflichten kennen und wirksam umsetzen >KO 1<
- Diese Tätigkeiten zur Überwachung der Wirksamkeit sind definiert >KO 1<
- Unternehmensführung hat einen qualifizierten IFS-Beauftragten ernannt und "QM" ist ihr direkt unterstellt
- Prozesse sind bekannt und werden eingehalten
- Gesetze und Lebensmittelinformationen sind aktuell
- Kunden werden bei Produktproblemen informiert

IFS Food 1.3
Kundenorientierung

Darauf kommt es an!

○ Bedürfnisse und Erwartungen der Kunden werden regelmäßig ermittelt

○ Ergebnisse zur Kundenorientierung und Kundenzufriedenheit werden ausgewertet und intern veröffentlicht

○ Ziele für die Produktqualität sind festgelegt

○ Ziele für die Lebensmittelsicherheit sind festgelegt

IFS Food 1.4
Überprüfung durch die Leitung

Darauf kommt es an!

- Das IFS-System wird jährlich (oder öfter) bewertet
- Bei wesentlichen Änderungen findet eine zusätzliche Bewertung statt
- HACCP, Reklamationen, Audits, Betriebsrundgänge, Korrekturmaßnahmen, IFS-Projekte, Qualitätsziele, Produktanalysen, Rückrufe, Krisen, Fehler, Änderungsbedarf usw. gehen in die Bewertung ein
- Auf Basis der Bewertung sind Maßnahmen für die Verbesserung des IFS-Systems festgelegt
- Der Zustand der Infrastruktur (Gebäude, Anlagen usw.) und des Arbeitsumfeldes (Lärm, Staub, Hygiene usw.) ist analysiert und bewertet
- Ergebnisse der Bewertung sind bekannt

IFS Food 2.1
Dokumentation & Aufzeichnungen

Darauf kommt es an!

○ An einer Stelle liegen sämtliche IFS-Dokumente vor

○ Es gibt eine Beschreibung für die Erstellung, Änderung, Verteilung und Sammlung von Dokumenten

○ Dokumente sind lesbar, eindeutig, verständlich sowie aktuell und stehen den Mitarbeitern zur Verfügung

○ Änderungsgründe für wichtige Dokumente werden notiert

○ Aufzeichnungen werden lückenlos geführt, sicher aufbewahrt, vor Manipulation geschützt und sind glaubwürdig

○ Aufbewahrungsfristen für die Aufzeichnungen entsprechen den rechtlichen und internen Forderungen

○ Produktaufzeichnungen werden mindestens für ein Jahr nach Ablauf des Haltbarkeitsdatums aufbewahrt

○ Nachträge in Aufzeichnungen sind eindeutig erkennbar und werden nur durch definierte Personen durchgeführt

IFS Food 2.2
HACCP-Konzept

Darauf kommt es an!

- ○ Das HACCP-Konzept ist vollständig und freigegeben
- ○ Das HACCP-Konzept umfasst:
  - Rohwaren und Produktgruppen
  - Standorte/Produktionsbereiche
  - Prozesse (Wareneingang bis -auslieferung)
  - Produktentwicklung und Produktverpackung
- ○ HACCP basiert auf den Grundlagen des Codex Alimentarius und den geltenden Rechtsvorschriften
- ○ Das HACCP-Konzept enthält technische Angaben zu den Produkten und Herstellungsverfahren
- ○ HACCP berücksichtigt den technischen Fortschritt
- ○ Bei Veränderungen der Produkte, Prozesse oder Verfahren wird das HACCP-Konzept überprüft

IFS Food 2.2
HACCP-Team

Darauf kommt es an!
- Das HACCP-Team setzt sich aus Mitarbeitern unterschiedlicher Bereiche zusammen und ist geschult
- Die Mitglieder des HACCP-Teams haben Stellvertreter
- Das HACCP-Team trifft sich regelmäßig
- Sitzungen des HACCP-Teams sind protokolliert
- Das HACCP-Team wird von der Unternehmensführung unterstützt

IFS Food 2.2
HACCP-Analyse

Darauf kommt es an!

○ Für alle Produkte liegen vollständige Produktbeschreibungen vor:
  - Zusammensetzung
  - mikrobiologische, physikalische, sensorische und chemische Parameter
  - rechtliche Anforderungen und Behandlungsmethoden
  - Verpackung und Haltbarkeit
  - Temperatur-, Lager- und Transportbedingungen

○ Der Verwendungszweck der Produkte ist beschrieben

○ Geprüfte Fließdiagramme liegen vor

○ Eine Gefahrenanalyse ist durchgeführt und wird regelmäßig aktualisiert

○ Risiken sind mit Wahrscheinlichkeit (Häufigkeit) und Auswirkung (Schwere) oder mit der FMEA-Methode (Fehlermöglichkeits- und Einflussanalyse) bewertet

IFS Food 2.2
HACCP-Analyse

Darauf kommt es an!
○ CCPs (kritische Lenkungspunkte) und deren Grenzwerte sind eindeutig festgelegt

○ Überwachungssysteme für die CCPs sind festgelegt und die CCPs werden beherrscht >KO 2<

○ Auch CPs (Lenkungspunkte) werden festgelegt, dokumentiert und überwacht

○ Mitarbeiter am CCP sind geschult und/oder eingewiesen

○ CCP-Aufzeichnungen werden überprüft

○ Korrekturmaßnahmen sind definiert und werden bei Abweichungen angewendet

○ Wirksamkeit des HACCP-Konzepts und der CCPs ist durch geplante Überprüfungen (Verifizierung) nachgewiesen

○ Die Grundlage der Verifizierungen ist nachvollziehbar (eingesehene Nachweise, Ansprechpartner, Zeitraum, ...)

IFS Food 3.1
Ressourcenverwaltung

Darauf kommt es an!

○ Jede Person besitzt nachweislich die notwendige Qualifikation für Tätigkeiten im Rahmen der Produktsicherheit oder Produktqualität

○ Qualifikation beruht auf
- Ausbildung
- Erfahrung und/oder
- Schulungen

Personal

Darauf kommt es an!

○ Klare Vorgaben zur Personalhygiene sind vorhanden
Dazu gehört: Handhygiene, Hygienekleidung, Essen, Trinken, Rauchen, Verletzungen, sichtbares Piercing, Fingernägel, Schmuck, Eheringe, Uhren, Haare, Bärte und persönliche Gegenstände (z. B. Rucksack oder Geldbörse)

○ Vorgaben zur Personalhygiene werden von allen Mitarbeitern und Externen umgesetzt >KO 3<

○ Einhaltung der Personalhygiene wird regelmäßig überprüft

○ Sichtbarer Schmuck wird nicht getragen (Uhren, Ringe, Ketten, Piercing, ...)

○ Bei Hautverletzungen werden farbige Pflaster verwendet

○ Bei Handverletzungen wird zusätzlich ein Einmalhandschuh getragen

IFS Food 3.2
Personal

Darauf kommt es an!

○ Kopfbedeckung und/oder Bartschutz werden bei Bedarf getragen

○ Vorgaben für das Tragen und Wechseln von Handschuhen sind vorhanden (Farbe, Art, Anwendung, Arbeitsbereich, Reinigung, Material, ...)

○ Schutzkleidung erfüllt die Hygieneanforderungen und ist in ausreichender Anzahl vorhanden

○ Schutzkleidung wird regelmäßig gereinigt

○ Sauberkeit der Schutzkleidung wird kontrolliert

○ Mitarbeiter und Externe werden schriftlich über das Verhalten bei infektiösen Krankheiten informiert bzw. eingewiesen

IFS Food 3.3
Schulung

Darauf kommt es an!

○ Es gibt Schulungs- und/oder Einweisungsprogramme (Thema, Häufigkeit, Trainer, Wirksamkeitskontrolle, ...)

○ Die Programme richten sich nach den Anforderungen und Qualifikationen und gelten für alle Mitarbeiter (auch Aushilfen, Dienstleister und externe Mitarbeiter)

○ Alle Mitarbeiter, Saisonarbeiter und Aushilfen werden vor der erstmaligen Aufnahme der Arbeit und anschließend nach den Programmen geschult

○ Wirksamkeitsprüfungen von Schulungen und Einweisungen werden geplant und durchgeführt

○ Schulungsinhalte werden regelmäßig überprüft und aktualisiert

○ Schulungen werden mit einem Schulungsnachweis protokolliert (Datum, Trainer, Thema, Unterlagen, Teilnehmer, Unterschrift Trainer und Teilnehmer, Dauer, Sprache)

IFS Food 3.4

Hygiene- & Sozialeinrichtungen

Darauf kommt es an!

○ Umkleide- und Sozialräume für Mitarbeiter und Betriebsfremde sind ausreichend vorhanden

○ Umkleideräume und Sozialräume sind sauber und intakt

○ Straßen- und Schutzkleidung werden getrennt aufbewahrt

○ Private Gegenstände und mitgebrachte Lebensmittel stellen keine Gefahr dar (klare Vorgaben für den Umgang)

○ Aus Toiletten oder Sozialräumen ist kein direkter Zugang zur Produktion möglich

○ Zugänge zur Produktion verfügen über ausreichende Möglichkeiten zur Handhygiene

○ Wirksamkeit der Handhygiene wird kontrolliert

○ Für Schürzen, Arbeitsgeräte, Stiefel, anderes Schuhwerk sowie weitere Schutzkleidung sind geeignete Reinigungsmöglichkeiten vorhanden

IFS Food 4.1
Vertragsprüfung

Darauf kommt es an!
- Anforderungen an Produkte, Produktion und Logistik werden vor der schriftlichen Vereinbarung mit dem Kunden geklärt
- Vollständigkeit der Erfüllung der Kundenforderungen wird überprüft
- Kundenvorgaben (Qualität und Sicherheit) werden intern kommuniziert und sind im Unternehmen bekannt
- Änderungen an bestehenden vertraglichen Vereinbarungen sind nachvollziehbar
- Vertragsänderungen werden kommuniziert

IFS Food 4.2
Spezifikationen & Rezepturen

Darauf kommt es an!

- Spezifikationen für alle Endprodukte sind für zuständige Mitarbeiter zugänglich
- Spezifikationen sind aktuell und entsprechen den gültigen rechtlichen Bestimmungen und Kundenanforderungen
- Spezifikationen für Rohwaren, Nacharbeit (Rework) und Verpackungen sind vorhanden (aktuell, geprüft, freigegeben, rechts- und kundenkonform) und umgesetzt >KO 4<
- Bei Kundenforderung sind Produktspezifikationen schriftlich vereinbart
- Änderung und Freigabe von Spezifikationen sind beschrieben
- Spezifikationen werden bei Änderungen angepasst
- Kundenrezepturen werden vollkommen akzeptiert und umgesetzt >KO 5<

IFS Food 4.3
Produktentwicklung

Darauf kommt es an!
○ Gefahrenanalyse und Risikobewertung (HACCP) werden auch bei der Entwicklung neuer Produkte durchgeführt

○ Durch Versuche, Probeläufe und Erstmuster ist die Rezeptur, das Verfahren sowie die Erfüllung der Anforderungen nachweisbar

○ Auf der Basis von Lagertests und sensorischer Prüfungen werden Haltbarkeitsfristen ermittelt

○ Angaben (z. B. Nährstoffe) sind beweisbar (z. B. Tests)

○ Kennzeichnung und Deklaration entsprechen den Vorgaben

○ Beschreibung für Zubereitung/Anwendung liegt vor

○ Entwicklungsverlauf und Ergebnisse sind anhand von Aufzeichnungen lückenlos nachvollziehbar

○ Bei Änderungen werden Prozessmerkmale geprüft

IFS Food 4.4
Einkauf

Darauf kommt es an!

○ Einkaufsprozesse und ausgelagerte Prozesse sind beschrieben und kontrolliert

○ Zulassung und Überwachung von Lieferanten erfolgt nach definierten Grundsätzen und Bewertungskriterien

○ Zugekaufte Produkte sowie Dienstleistungen sind spezifiziert und werden nach einem Prüfplan kontrolliert

○ Der Prüfplan enthält neben der Prüfmethode die Anforderungen, den Status aus der Lieferantenbewertung sowie den Einfluss

○ Zugekaufte Produkte werden bei Bedarf (Grundlage ist die Gefahrenanalyse und Risikobewertung) auf ihre Authentizität und ihre Herkunft (nur wenn dieses in der Spezifikation angegeben ist) geprüft

○ Lieferantenbewertungen werden ausgewertet und führen bei Bedarf zu Maßnahmen oder Konsequenzen

IFS Food 4.5
Produktverpackung

Darauf kommt es an!
○ Kriterien für die Verpackung sind auf Basis einer Gefahrenanalyse festgelegt

○ Verpackungen erfüllen rechtliche Bestimmungen und sind spezifiziert

○ Konformitätserklärungen oder eigene Nachweise für die Eignung liegen für Verpackungen mit Produkteinfluss vor

○ Eignung von Verpackungsmaterial wird auf Basis einer Gefahrenanalyse für alle Produkte/-gruppen geprüft (Sensorik, Lagertests, Laboranalysen)

○ Einhaltung der Verpackungsvorgaben wird geprüft

○ Kennzeichnungen sind gut lesbar und nicht wegwischbar

○ Kennzeichnungen von Verpackungen werden geprüft

IFS Food 4.6 und 4.7
Standortwahl & Außengelände

Darauf kommt es an!
○ Betriebsumgebung ist nachweislich geeignet

○ Außenbereiche sind sauber und ordentlich

○ Für eine Entwässerung ist gesorgt

○ Minimale Lagerhaltung im Freien

IFS Food 4.8
Anlagengestaltung

Darauf kommt es an!
- Pläne/Zeichnungen für den Standort und Materialflüsse (Produkt/Rohstoff, Abfall, Personal,...) liegen vor
- Eine Kontamination von Produkten wird verhindert
- Produktionsbereiche für sensible Bereiche erfüllen höhere Hygieneanforderungen
- Labore gefährden nicht die Produktsicherheit

IFS Food 4.9
Produktions- & Lagerbereiche

Darauf kommt es an!
○ Gebäude erfüllen die hygienischen Lebensmittelbedingungen mit ihren

- Räumen
- Wänden
- Mauern
- Zwischenwänden
- Fußböden
- Fenstern
- Türen
- Decken
- Beleuchtungen
- Klimaanlagen
- Wasserversorgungen
- Druckluftversorgungen

IFS Food 4.10
Reinigung & Desinfektion

Darauf kommt es an!

- ○ Reinigungs- und Desinfektionspläne liegen vor, werden eingehalten und deren Umsetzung dokumentiert
- ○ Anwendung der Mittel ist eindeutig
- ○ Eine Produktbeeinträchtigung wird vermieden
- ○ Nur qualifiziertes und geschultes Personal wird eingesetzt
- ○ Wirksamkeit der Reinigung und Desinfektion wird überprüft
- ○ Aktuelle Sicherheitsdatenblätter und Betriebsanweisungen liegen für die Reinigungschemikalien und -mittel vor
- ○ Reiniger können die Betriebsanweisungen demonstrieren
- ○ Reinigungsgeräte und -chemikalien werden gekennzeichnet und sicher gelagert
- ○ Bei Einsatz eines Dienstleisters sind IFS Food-Anforderungen vertraglich festgelegt

IFS Food 4.11
Abfallentsorgung

Darauf kommt es an!

○ Rechtliche Bestimmungen zur Abfallentsorgung werden eingehalten und sind aktuell

○ Abfälle werden so schnell wie möglich aus Räumen mit Lebensmitteln entfernt

○ Abfallbehälter sind gut sichtbar gekennzeichnet, geeignet und funktionsfähig

○ Abfallbehälter lassen sich leicht reinigen und ggf. desinfizieren

○ Anziehung von Tieren und Schädlingen durch Abfälle wird minimiert (saubere/verschlossene Behälter, ...)

○ Abfälle werden entsprechend den Entsorgungswegen getrennt erfasst und gesammelt

○ Die Entsorgung erfolgt ausschließlich durch befugtes Personal oder befugte Dienstleister

IFS Food 4.12

Fremdmaterialien (Metall, Glas, Holz)

Darauf kommt es an!

○ Fremdmaterial-Gefahren sind analysiert und das Risiko bewertet >KO 6<

○ Verunreinigungen mit Fremdmaterialien (z. B. Holz, Glas, Metall, ...) wird durch festgelegte Verfahren verhindert >KO 6<

○ Kontaminierte Produkte werden ausgesondert und wie fehlerhafte Produkte behandelt >KO 6<

○ Holz (sauber und einwandfrei) wird nur in begründeten Fällen in sensiblen Bereichen verwendet

○ Gegenstände aus Glas und ähnlichem Werkstoff im Lager und der Produktion sind aufgelistet (mit Risikoeinstufung)

○ Umgang mit Glas ist festgelegt (auch Glasbruch)

○ Bei Sichtkontrollen auf Fremdkörper werden Mitarbeiter speziell geschult und eingesetzt (z. B. Personalwechsel)

IFS Food 4.13
Schädlingsbekämpfung

Darauf kommt es an!

○ Zur Schädlingsbekämpfung gehören:

- Köderplan und Kennzeichnung der Köder vor Ort
- Nennung der Verantwortlichkeiten intern/extern
- Übersicht der Schädlingsmittel und ihrer Vorschriften
- Aktuelle Sicherheitsdatenblätter und Betriebsanweisungen
- Planung und Einhaltung der Inspektionsintervalle
- Dokumentation und Trendanalyse der Ergebnisse
- Dokumentierte Maßnahmen bei Auffälligkeiten

○ Qualifiziertes Personal wird eingesetzt

○ Köder und Fallen sind sinnvoll angeordnet und wirksam

○ Lieferungen werden im Wareneingang auf Schädlinge geprüft

Wareneingang & Lagerhaltung

Darauf kommt es an!

○ Anlieferungen werden nach einem Kontrollplan auf Übereinstimmung mit den Spezifikationen und Lieferbedingungen geprüft

○ Lagerbedingungen (Rohstoffe und Betriebsstoffe) entsprechen den Anforderungen und Festlegungen

○ Verunreinigungen bei der Lagerung sind minimiert

○ Jede gelagerte Einheit ist eindeutig identifizierbar

○ Bei externen Dienstleistern für die Lagerhaltung, ohne IFS-Logistik-Zertifizierung, sind alle Anforderungen vertraglich vereinbart

IFS Food 4.15
Transport

Darauf kommt es an!
○ Beladung erfolgt nur nach einer Prüfung, die die Eignung des Fahrzeuges bestätigt
○ Temperatur wird vor der Beladung auf Übereinstimmung geprüft und dokumentiert
○ Verunreinigungen zwischen Lebensmitteln und Nicht-Lebensmitteln werden verhindert
○ Beim Transport wird die erforderliche Temperatur eingehalten und aufgezeichnet
○ Hygieneanforderungen für die Fahrzeuge und Hilfsmittel sind beschrieben
○ Hygienemaßnahmen werden dokumentiert (z. B. Reinigung)
○ Bei externen Spediteuren ohne IFS-Logistik-Zertifizierung sind alle Anforderungen vertraglich vereinbart
○ Fahrzeug-Sicherheitsanforderungen werden eingehalten

IFS Food 4.16
Wartung & Reparatur

Darauf kommt es an!

○ Wartungen werden systematisch geplant und durchgeführt

○ Kontamination bei Wartungen oder Reparaturen ist ausgeschlossen

○ Bei Wartungen und Reparaturen gibt es im Bereich Produktsicherheit keine Kompromisse

○ Wartungen, Reparaturen sowie zugehörige Maßnahmen werden schriftlich erfasst (auch provisorische Reparaturen)

○ Es gibt eine Übersicht mit zugelassenen Materialien

○ Es werden nur zugelassene Materialien verwendet

○ Ausfälle von Anlagen werden erfasst und ausgewertet

○ Provisorische Reparaturen gefährden nicht die Produkte

○ Anforderungen (Material, Geräte, Hygiene, ...) für den Einsatz von externen Firmen sind schriftlich vereinbart

IFS Food 4.17
Anlagen & Ausrüstungen

Darauf kommt es an!
○ Anlagen und Ausrüstungen sind für den vorgesehenen Einsatz gebaut und beschrieben

○ Vor der ersten Inbetriebnahme wird die Erfüllung der Anforderungen geprüft

○ Konformitätserklärungen oder eigene Nachweise für die Eignung liegen für alle Bedarfsgegenstände (Laufbänder, Dichtungen, Behälter, ...) mit Lebensmittelkontakt vor

○ Reinigungs- und Wartungsarbeiten können wirksam durchgeführt werden

○ Ausrüstungsgegenstände gefährden nicht die Lebensmittelsicherheit (Zustand muss einwandfrei sein)

○ Prozessmerkmale werden nach Änderung von Verarbeitungsmethoden und/oder Anlagen geprüft

IFS Food 4.18
Rückverfolgbarkeit

Darauf kommt es an!

○ Die Identifizierung von Produkten (und deren Zusammenhang mit Rohstoffen und Primärverpackungen) ist in Aufzeichnungen und allen Arbeitsschritten gewährleistet >KO 7<

○ Zeitdauer für eine Rückverfolgung entspricht den Kundenanforderungen

○ Rückverfolgbarkeit wird mindestens jährlich in beide Richtungen (Kunde und Lieferant) geprüft

○ Bei der Prüfung findet ein Mengenabgleich statt

○ Rückverfolgbarkeit ist auch bei Nachbearbeitung oder bei der Verarbeitung von Nacharbeit (Rework) gewährleistet

○ Erzeugnisse werden unmittelbar nach der Verpackung eindeutig gekennzeichnet

○ Rückstellmuster werden bei Kundenforderungen bis zum definierten Termin aufbewahrt

IFS Food 4.19 und 4.20

Allergene & GVO

Darauf kommt es an!

○ Alle verwendeten allergen- und GVO-haltigen Rohwaren und Produkte sind dokumentiert und aufgelistet

○ Es sind Rohwarenspezifikationen vorhanden, die kennzeichnungspflichtige Allergene eindeutig benennen

○ Kreuzkontamination mit kennzeichnungspflichtigen Allergenen wird weitesgehend verhindert

○ Eine Kontamination von GVO-freien Produkten wird durch sichere Verfahren nachweislich (Kontrollen) verhindert

○ Garantien bezüglich des GVO-Status der Produkte sind mit Lieferanten vertraglich vereinbart

○ Fertigprodukte sind entsprechend den rechtlichen Bestimmungen deklariert

○ Produkte die allergen- oder GVO-frei deklariert sind, können dieses nachweisen

IFS Food 5.1
Interne Audits

Darauf kommt es an!
○ Interne Audits werden auf Basis eines Programms (Plan) durchgeführt >KO 8<

○ Das Programm deckt alle IFS-Food-Anforderungen ab und basiert auf einer Gefahrenanalyse/Risikobewertung >KO 8<

○ Lagerräume außerhalb des Firmengeländes sind in dem Programm auch eingeplant >KO 8<

○ Kritische Tätigkeiten für die Lebensmittelsicherheit und Spezifikationen werden mindestens jährlich auditiert

○ Auditoren sind sachkundig und unabhängig vom auditierten Bereich

○ Auditierte, Verantwortliche und die Geschäftsführung werden über die Auditergebnisse informiert

○ Korrekturmaßnahmen und ein Terminplan für die Umsetzung sowie deren Wirksamkeitsprüfungen sind schriftlich festgelegt

IFS Food 5.2
Betriebsbegehungen

Darauf kommt es an!

- Betriebsbegehungen erfolgen geplant und regelmäßig
- Die Häufigkeit basiert auf einer Gefahrenanalyse und Risikobewertung der Bereiche sowie Tätigkeiten
- Die Planung der Häufigkeit berücksichtigt vorangegangene Erfahrungen und Ergebnisse
- Begehungen finden am besten im Team und anhand einer Checkliste statt
- Auffälligkeiten werden priorisiert
- Abweichungen und notwendige Korrekturmaßnahmen werden aufgezeichnet

IFS Food 5.3

Prozessvalidierung & -lenkung

Darauf kommt es an!

○ Kriterien für die Lenkung der Prozesse sind festgelegt

○ Die Validierung (Nachweise für die Erfüllung der Anforderungen) der Prozesse erfolgt anhand definierter Kriterien (Daten für die Produktsicherheit und Prozessbeherrschung)

○ Bei wesentlichen Änderungen werden Prozesse erneut validiert

○ Prozessparameter werden kontinuierlich oder in ausreichend kurzen Zeitabständen überwacht und aufgezeichnet

○ Nacharbeiten (Rework) werden erfasst, überwacht und validiert

○ Die Meldung, Registrierung und Aufzeichnung von Störungen oder Abweichungen erfolgt unverzüglich und systematisch

IFS Food 5.4
Mess- & Überwachungsgeräte

Darauf kommt es an!
- Die erforderlichen Mess- und Überwachungsgeräte für die Erfüllung der Produktanforderungen sind ermittelt
- Alle Mess- und Überwachungsgeräte sind mit einer eindeutigen Bezeichnung in einer Liste aufgeführt
- Messmittel werden in festgelegten Intervallen nach definierten Methoden überprüft, justiert und kalibriert
- Diese Ergebnisse werden schriftlich erfasst
- Messmittel mit Abweichungen oder Beschädigungen werden sofort repariert oder ausgetauscht
- Der Kalibrierstatus der Messmittel ist erkennbar

IFS Food 5.5
Mengenkontrolle

Darauf kommt es an!

- Häufigkeit und Methodik von Mengenprüfungen erfüllen die rechtlichen Bestimmungen und die Anforderungen aus Kundenspezifikationen

- Kriterien für die Übereinstimmung von Mengen und Chargen sind definiert

- Anhand eines Probenplans werden Kontrollen für die Überstimmung von Mengen und Chargen durchgeführt

- Bei zugekauften und verpackten Produkten existiert ein Nachweis über die Einhaltung der rechtlichen Bestimmungen zur Füllmenge

- Geräte zur Endkontrolle werden geeicht – sofern erforderlich

IFS Food 5.6
Produktanalysen

Darauf kommt es an!
○ Für den Nachweis der Einhaltung von Spezifikationen werden Produktanalysen gemäß Prüfplänen durchgeführt

○ Analysen, die im eigenen Labor oder in einem nicht akkreditierten Labor erfolgen, werden durch ein akkreditiertes Labor regelmäßig überprüft

○ Zuverlässigkeit der internen Analyseergebnisse wird anhand von Ring- oder Befähigungstests nachgewiesen

○ Sensorische Prüfungen werden durchgeführt

○ Untersuchungsergebnisse werden regelmäßig ausgewertet und deren Tendenzen ermittelt

○ Bei schlechten Ergebnissen werden unverzüglich Maßnahmen eingeleitet

○ Prüfpläne werden bei Änderungen von Risiken, Fehlerquoten oder bei Vorfällen (z. B. Fälschung) angepasst

IFS Food 5.7
Produktsperrung & -freigabe

Darauf kommt es an!
○ Sperr- und Freigabeverfahren basieren auf einer Gefahrenanalyse/Risikobewertung

○ Produkte und Materialien werden nur verarbeitet bzw. ausgeliefert, wenn sie den Anforderungen entsprechen

○ Produktsperrungen und -freigaben werden erfasst und ausgewertet

IFS Food 5.8
Reklamation & Beanstandung

Darauf kommt es an!
○ Es gibt eindeutige Vorgaben und Abläufe zum Umgang mit Produktbeanstandungen und -reklamationen

○ Die Bewertung erfolgt durch fachkundiges Personal

○ Maßnahmen werden bei berechtigten Fällen sofort umgesetzt

○ Die Auswertung erfolgt nach festgelegten Grundsätzen

○ Auf Basis der Auswertungen werden Maßnahmen eingeleitet, die das Wiederauftreten verhindern

○ Verantwortliche und Unternehmensführung erhalten regelmäßig die Auswertung

IFS Food 5.9
Produktrücknahme & -rückruf

Darauf kommt es an!
○ Das Krisenmanagement ist definiert, eingeführt und aktuell

○ Krisenmanager und Krisenstab sind benannt

○ Es existiert ein wirksames Verfahren zur Rücknahme und zum Rückruf jeglicher Erzeugnisse >KO 9<

○ Kunden werden schnellstmöglich informiert >KO 9<

○ Verantwortlichkeiten sind eindeutig definiert >KO 9<

○ Aktuelle Notrufinformationen sind vorhanden

○ Eine festgelegte Person für Notfälle ist immer erreichbar

○ Häufigkeit der Rücknahmetests basiert auf einer Gefahrenanalyse/Risikobewertung

○ Das Verfahren für Rücknahmen wird mindestens einmal jährlich auf Wirksamkeit getestet

IFS Food 5.10
Nichtkonforme Produkte

Darauf kommt es an!

○ Die Vorgehensweise mit nichtkonformen Rohwaren, Zwischen- und Endprodukte, Hilfsmitteln und Verpackungsmaterialien ist festgelegt.
Diese Festlegung umfasst:

- Sperrung
- Gefahrenanalyse und -bewertung
- Kennzeichnung
- Verwendung/Freigabe

○ Verantwortlichkeiten sind eindeutig geregelt

○ Alle betroffenen Mitarbeiter kennen die Vorgehensweise

○ Es wird sofort reagiert, um die Produktanforderung zu erfüllen

○ Schriftliche Ausnahmegenehmigungen vom Kunden sind für nicht spezifikationsgemäße Eigenmarken erforderlich

IFS Food 5.11
Korrekturmaßnahmen

Darauf kommt es an!

○ Fehler (Nichtkonformitäten) werden nach einer festgelegten Vorgehensweise erfasst und analysiert

○ Korrekturmaßnahmen werden unverzüglich eingeleitet, um ein erneutes Auftreten des Fehlers zu verhindern >KO 10<

○ Verantwortlichkeiten und Termine sind definiert >KO 10<

○ Aufzeichnungen zu Korrekturmaßnahmen sind vollständig und schnell zugänglich >KO 10<

○ Ursachen werden identifiziert und erfasst

○ Durchführung der eingeleiteten Korrekturmaßnahmen wird dokumentiert

○ Wirksamkeit von Korrekturmaßnahmen wird immer nachvollziehbar überprüft

IFS Food 6.1
Absicherung (Food Defense)

Darauf kommt es an!
- Verantwortlichkeiten für den Produktschutz sind festgelegt
- Ein qualifizierter Verantwortlicher für Produktschutz ist ernannt
- Gefahren hinsichtlich des Produktschutzes sind analysiert und deren Risiken bewertet
- Kritische Bereiche für den Produktschutz sind festgelegt
- Eine Gefahrenanalyse und Risikobewertung zum Produktschutz erfolgt jährlich und bei Änderungen
- Alarmsystem ist beschrieben und eingeführt
- Alarmsystem wird entsprechend der Planung geprüft

IFS Food 6.2
Standortsicherheit (Food Defense)

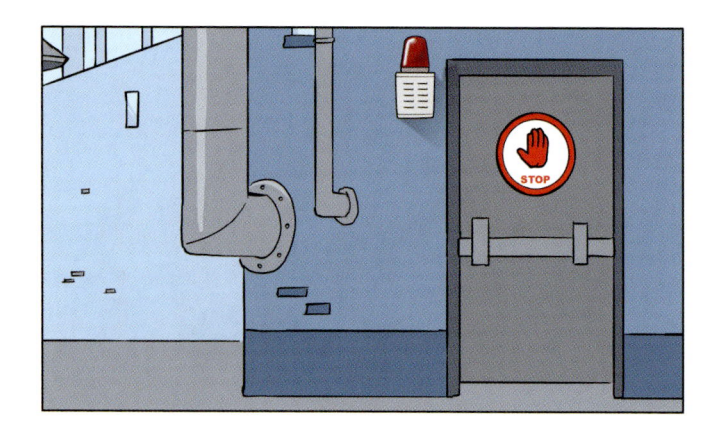

Darauf kommt es an!

○ Sicherheitskritische Bereiche sind festgelegt

○ Sicherheitskritische Bereiche sind gegen unbefugtes Betreten besonders geschützt (z. B. Zugangskontrolle)

○ Zugänge sind kontrolliert

○ Verfälschungen oder Sabotagen werden durch interne Maßnahmen und Vorkehrungen verhindert und erkannt

IFS Food 6.3

Personal & Besucher

Darauf kommt es an!

- ○ Besucherregelungen beinhalten den Produktschutz
- ○ Der Zugang von Besuchern wird kontrolliert
- ○ Besucher werden nachweislich informiert
- ○ In Bereichen mit Produkten wird der Zugang von Besuchern und Dienstleistern erfasst
- ○ Bei Produktkontakt sind auch Lieferanten, Belade- und Transportpersonal erkennbar
- ○ In Bereichen mit Produkten sind Besucher und Dienstleister gut zu erkennen (z. B. Besucherschild)
- ○ Zutrittsregelungen werden eingehalten
- ○ Regelmäßig und bei gravierenden Änderungen werden alle Mitarbeiter über die Inhalte des Produktschutzes geschult
- ○ Bei der Einstellung und Entlassung werden zulässige Sicherheitsaspekte beachtet

IFS Food 6.4
Externe Kontrollen

Darauf kommt es an!
○ Vorgehensweise für externe und behördliche Inspektionen ist schriftlich festgelegt

○ Zuständiges Personal ist hinsichtlich dieser Vorgehensweise geschult

Gefahrenanalyse / Risikobewertung

29 Gefahrenanalysen und eine Bewertung der damit zusammenhängenden Risiken sind zu erstellen:

- Personalkompetenz
- Personalhygiene
- Schmuck (sichtbar)
- Reinigung Schutzkleidung
- Handhygiene
- Wirksamkeit Handhygiene
- Umkleideräume
- Reinigungsvorrichtungen für Stiefel/Schuhe und Schutzkleidung
- Überprüfung Lieferantenbewertung
- Gebrauch Verpackungsmaterial
- Überprüfung Verpackungsmaterial
- Lagerhaltung im Freien
- Druckluft
- Reinigungs- und Desinfektionspläne
- Wirksamkeit der Reinigung und Desinfektion
- Kontamination Fremdmaterialien
- Gebrauch von Holz
- Anwesenheit von Glas
- Umgang mit Glas für Verpackung (und anderes Material)
- Schädlingsbekämpfung
- Anwesenheit Allergene
- Häufigkeit interne Audits
- Häufigkeit Betriebsbegehungen
- Prüfplanung
- Sperr- und Freigabeverfahren
- Test Rücknahmen
- Handhabung nichtkonformer Produkte
- Produktschutz / Produktionssicherung (Food Defense)
- Einstufung der sicherheitskritischen Bereiche (Food Defense)

Notwendige schriftliche Regelungen

31 schriftliche Verfahren sowie weitere Dokumente sind zu erstellen. Übersicht der Verfahren:

- Ermittlung Kundenbedürfnisse
- Lenkung Dokumente
- Überwachung CCPs
- Verifizierung HACCP
- Kontrolle Schutzkleidung
- Wirksamkeit von Schulungen
- Erstellung, Änderung und Freigabe Spezifikationen
- Spezifikationskontrolle
- Produktentwicklung
- Kennzeichnung
- Zulassung und Überwachung von Lieferanten
- Zulassung und Überwachung für Fertigerzeugnislieferanten
- Wirksamkeitskontrolle Reinigungs- und Desinfektionsmaßnahmen
- Abfallmanagement
- Verhinderung Kontamination von Fremdmaterialien
- Handhabung kontaminierte Produkte
- Glasbruch
- Verhinderung Kontamination mit anderen Produkten
- GVO-Produkte
- Kontamination von GVO-freien Produkten
- Prozessabweichungen
- Mengenkontrolle
- Analysen
- Zuverlässigkeit interner Analysen
- Sperr- und Freigabeverfahren
- Krisenmanagement
- Rücknahme und Rückruf
- Handhabung nichtkonformer Rohmaterialien
- Erfassung von Nichtkonformitäten
- Verhinderung Sabotagen
- Behördliche Inspektionen

Visualisierung und Arbeitshilfen

Poster und Schilder
Mit unseren Postern und Schildern gelingt es Ihnen schnell, das Interesse und Verständnis für IFS Food oder Hygiene in Ihrem Unternehmen zu erhöhen.
Gerne drucken wir Poster und Schilder mit Ihrem Logo.

IFS Food 6 - Schulungsmaterial auf CD
Für 39,- Euro können Sie Ihre Mitarbeiter hinsichtlich IFS Food 6 schulen. Sie erhalten die Inhalte dieses Buches im Powerpoint- und PDF-Format.

IFS Food 6 - Checklisten auf CD
Für 39,- Euro erhalten Sie eine CD mit vielen Checklisten und Formblättern für IFS Food 6.

weitere Bücher

HACCP

ISBN 978-3-940-513-151

Reinigung & Desinfektion

ISBN 978-3-940-513-021

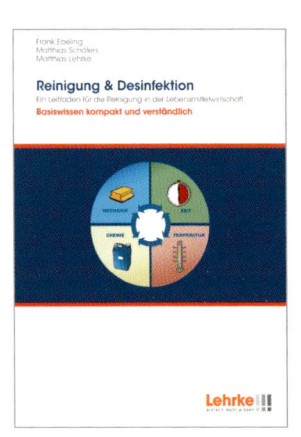